ບິນໄດ້ບໍ່?

ໂດຍ: ລິສ໌ ກາເຊັ

Library For All Ltd.

ບົນໄດ້ບໍ?

ພິມຄັ້ງທຳອິດ 2020

ຈັດພິມໂດຍ: ອົງການ Library For All
ອີເມວ: info@libraryforall.org
URL: libraryforall.org

ບົນໄດ້ບໍ?
ກາເຌີ, ລິສ
ISBN: 978-9932-09-135-5
SKU01105

ບິນໄດ້ບໍ່?

ເຜິ້ງ ບິນໄດ້ບໍ່?

ບິນໄດ້,
ແລະສາມາດບິນຢູ່ກັບທີ່ໄດ້.

ແມງກະເບື້ອ ບິນໄດ້ບໍ່?

ບິນໄດ້,
ແລະສາມາດຍ່າງໆໄດ້.

ແມງມຸມ ບິນໄດ້ບໍ?

ບໍ່ໄດ້,
ແຕ່ສາມາດຍິງໃຍແມງມຸມໄດ້.

ເຈຍ ບິນໄດ້ບໍ່?

ບິນໄດ້,
ແລະສາມາດຫ້ອຍຫົວລົງໄດ້.

ປາ ບິນໄດ້ບໍ່?

ບໍ່ໄດ້,
ແຕ່ສາມາດລອຍນ້ຳໄດ້.

ຕັກແຕນ ບິນໄດ້ບໍ່?

ບິນໄດ້,
ແລະສາມາດໂດດໄດ້.

ໜູ ບິນໄດ້ບໍ່?

ບໍ່ໄດ້, ແຕ່ສາມາດແລ່ນໄດ້.

ງູບິນໄດ້ບໍ່?

ບໍ່ໄດ້, ແຕ່ສາມາດເລຶອໄດ້.

ນົກທຸກຊະນິດ ບິນໄດ້ບໍ່?

ບໍ່ໄດ້,
ນົກບ່າງຊະນິດບໍ່ສາມາດບິນໄດ້.

ບຸ້ງ ບິນໄດ້ບໍ່?

ບໍ່ໄດ້,
ແຕ່ສາມາດກ່າຍມາເປັນແມງກະເບື້ອ
ທີ່ບິນໄດ້.

ຂໍ້ມູນທາງບັນນາບຸກົມຂອງຫໍສະໝຸດແຫ່ງຊາດ

ລິສ ກາເບ໌ິ
    ບົນໄດ້ບໍ? 2 / ໂດຍ ລິສ ກາເບ໌ິ. -- ວຽງຈັນ : ມັກອ່ານ, 2020
    21 ໜ້າ : ພາບປະກອບສີ ; 21 ຊມ
    1. ວັນນະກຳສຳລັບເດັກ
    I. ຊື່ເລື່ອງ
808.899282 -- dc21
    ເລກທະບຽນພິມຈຳໜ່າຍ: ຕາມທບ299ພຈ 27102020
    ISBN 978-9932-09-135-5

ເຈົ້າສາມາດໃຊ້ຄຳຖາມດັ່ງລຸ່ມນີ້ເພື່ອ ສືບທະບາກ່ຽວກັບເລື່ອງທີ່ອ່ານກັບ ຄອບຄົວ, ໝູ່ ແລະ ຄູອາຈານ.

ເຈົ້າໄດ້ຮຽນຮູ້ຫຍັງຈາກເລື່ອງນີ້?

ຈົ່ງອະທິບາຍເລື່ອງນີ້ ໂດຍໃຊ້ຄຳບັບຍາຍ 1ຄຳ. ຕະຫຼົກ? ຍ້ານ? ມິສິສັບ? ໜ້າສົນໃຈ?

ເມື່ອອ່ານຈົບແລ້ວ, ເລື່ອງນີ້ໃຫ້ຄວາມຮູ້ສຶກຫຍັງແດ່?

ໃນເລື່ອງນີ້, ເຈົ້າມັກສິ່ງໃດຫຼາຍທີ່ສຸດ?

ກ່ຽວກັບຜູ້ປະກອບສ່ວນ

Library For All ເຮັດວຽກຮ່ວມມືກັບນັກຂຽນ ແລະ ນັກແຕ້ມ ທົ່ວ ໂລກເພື່ອສ້າງເລື່ອງທີ່ທ້າວທູາຍ, ມີຄຸນນະພາບສູງໃຫ້ກັບຜູ້ ອ່ານໂຕນ້ອຍ. ທຸກຄົນສາມາດເຂົ້າໄປ ເວັບໄຊ libraryforall.org ເພື່ອຮູ້ຂ່າວທ້າສຸດ ກ່ຽວກັບກິດຈະກຳຝຶກອົບຮົມນັກຂຽນ, ຄູ່ມືຕ່າງໆ ແລະ ໂອກາດສ້າງສັບອື່ນໆ.

ປຶ້ມທີ່ວນີ້ມ່ວນບໍ່?

ພວກເຮົາມີປຶ້ມຫຼາຍຮ້ອຍທີ່ວໃຫ້ເລືອກອ່ານ.

ພວກເຮົາຮ່ວມມືກັບນັກຂຽນ, ຊ່ຽວຊານດ້ານການສຶກສາ, ທີ່ປຶກສາທາງດ້ານວັດທະນະທຳ, ລັດຖະບານ ແລະ ອົງກອນທີ່ບໍ່ຂຶ້ນກັບລັດຖະບານ ເພື່ອນຳຄວາມເພີດເພີນ ໃນການ ອ່ານໃຫ້ກັບເດັກນ້ອຍທີ່ວທຸກແຫ່ງ.

ຮູ້ບໍ່?

ພວກເຮົາສ້າງການປ່ຽນແປງທີ່ດີໃນຂົງເຂດນີ້ ໂດຍປະຕິບັດ ເປົ້າໝາຍ ການພັດທະນາແບບຍືນຍົງຂອງສະຫະປະຊາຊາດ.

libraryforall.org